© 2017, Pierre Cléon

Edition : BoD - Books on Demand
12/14 rond-point des Champs Elysées, 75008 Paris
Imprimé par Books on Demand GmbH, Norderstedt, Allemagne
ISBN : 9782322137381
Dépôt légal : avril 2017

ÉCRIT SUR LE SABLE

L'AUTEUR

Pierre Cléon est né un beau jour de mars 1941, en Normandie. Passionné dès son plus jeune âge par la littérature, c'est vers la poésie qu'il se tourne quelques années plus tard, en découvrant les merveilles de Paul Fort, Gustave Flaubert, ou encore Georges Brassens et Jacques Brel. Soutenu particulièrement par son épouse et sa famille, il se consacre aujourd'hui entièrement à sa plume, subtilement inspirée dans un style simple et fluide, et en parfaite harmonie entre la forme et le fond.

PIERRE CLÉON

ÉCRIT SUR LE SABLE

POÉSIE

Tous les textes présents dans ce recueil sont la propriété exclusive de l'auteur.

© 2017, Pierre Cléon

ÉCRIT SUR LE SABLE

Le poète a gravé un mot dans le sable,
Il vit en poésie mais impitoyables,
La mer et puis le vent viennent de l'effacer,
Un signe du destin ? Il se sent angoissé,

Gloire au poète qui, rêve de sable chaud,
Tous ces éléments là le mènent à l'échafaud,
Son écrit est parti rejoindre l'océan,
Tout en tourbillonnant comme la plume au vent,

C'est un grain de sable dans l'horloge du temps,
Mais il espère encor que le bonheur l'attend,
S'il est découragé de voir que tout s'efface,
Dans ce sable mouvant et devant tant d'audace,

Il sait que ses blessures sont maintenant guéries,
Et que d'ores et déjà la source n'est pas tarie,
Demain il reviendra marcher sur le rivage,
La prochaine marée recouvrira la plage,

En effaçant ses pas et ses jours de souffrance,
Alors sans hésiter il reprend en confiance,
Son chemin qui le mène à la paix intérieure,
Dans une introspection qu'il va mener sur l'heure.

À TOI

À la levée du jour,
Aux matins qui frissonnent,
À toi à contre jour,
À l'angélus qui sonne,

À toutes ces sensations,
Que je ressens matin,
Qui donnent le frisson,
À perdre son latin,

À l'oiseau qui s'envole,
Vers d'autres paysages,
À mon cœur qui s'affole,
Quand je vois ton visage,

À ton nom qui s'inscrit,
Sans cesse dans ma mémoire,
À moi Pierrot qui rit,
De notre belle histoire,

Que faut il que je fasse,

Car chaque jour je doute,
Que la corde se casse,
Instant que je redoute,

Au printemps qui revient,
Quand ma raison se meurt,
Aux amours diluviens,
Au poète rimeur.

CARGO

Il y a sur le quai des senteurs océanes,
Et des parfums poivrés, d'épices et d'aromates,
Qui reviennent en bouquet, du côté des douanes,
En effleurant mes sens, comme une brise moite,

À l'autre bout du port le cargo est à quai,
Assise sur un casier une fille nous chante,
Un fado nostalgique, ce qui me rend inquiet,
Quant à mon avenir, et ton visage me hante,

Qu'allons-nous devenir, je vois bien ton ventre,
Qui grossit s'arrondit, alors que moi je pars,
Fallait me retenir, je me dis diantre,
Qu'ensemble on aurait pu, prendre un nouveau départ,

Misérables amants, que ces amants qui fuient,
Il y a sur le pont des senteurs océanes,
Je vois « la bonne mère » s'enfoncer dans la nuit,
Et autour des marins des volutes de gitanes.

CONTEMPLATION

Assis sur un rocher je contemple le ciel,
Qui semble s'enfoncer et épouser la mer,
Ne faisant qu'un espace, abstrait et irréel,
Lorsque vient se poser une brise douce-amère,

Qui estompe les mats des bateaux en partance,
Il est temps matelot de larguer les amarres,
Marin emmène moi sur ton bateau qui danse,
Sur les flots écumeux, et maintiens bien la barre,

J'entends déjà au loin le beau chant des sirènes,
Qui parvient jusqu'à moi, il est temps de partir !
Hâtez vous mes amis avant, qu'elles vous surprennent,
J'ai bien peur que vous ne puissiez pas revenir,

Assis sur un rocher je contemple la mer,
Et me dis qu'après tout on n'est pas mal sur terre,
Disparue envolée la petite brise amère,
Alors comme les marins je reste solitaire,

Devant tous ces reflets couleurs orange amer,
J'invente son visage qui m'apparait dans l'eau,
Je resterai des heures à regarder la mer,
Le vent gonfle les voiles, les bateaux sont à flot.

DENTELLE ET PATCHOULI

Entre soupirs et pauses,
Elle est ce dont je rêve,
Et quand elle prend la pose,
C'est une petite fille d'Ève,

Elle est tout en dentelle,
Parfum de patchouli,
Et puis tout autour d'elle,
Quand le soleil pâli,

L'évasion le mystère,
Ultime féminité,
Entrant dans la lumière,
La démarche ouatée,

Dans une robe à fleurs,
Légère et transparente,
Tremblante de bonheur,
Radieuse souriante,

La demoiselle défile,
Un vent de poésie,
Avec ses bas résilles,
Un brin de fantaisie,

Toute la femme que j'aime,
Dans sa féminité,
Sur la tête un diadème,
En métal argenté.

NEIGE

Surprise pour ceux qui se lèvent tôt,
La blanche tombe sur les grands manteaux,
Déjà on entend au loin les enfants
Qui crient et aussi les premiers chalands,

Qui se frayent un chemin dans la neige,
Vraiment c'est un drôle de manège,
Quelle agitation quelle découverte,
Mesdames Messieurs des mains expertes,

Lancent les blancs flocons avec ardeur,
Sur les passants et jeunes promeneurs,
Qui sont gelés et je trouve génial,
Lorsque le cristal s'éclate en pétales

Surprise pour ceux qui se lèvent tôt,
La blanche tombe sur les grands manteaux.

« Toute blanche dans la nuit brune,
Qui donc là-haut plume la lune ? » - Jean Richepin

L'INSTANT

Un regard passe dans l'espace,
Il est fugace c'est le hasard,
Dans l'absolu il trépasse,
Pour se fondre c'est bizarre,

Ils se regardent quelques instants,
L'amour est passé tout près d'eux,
S'est envolé tel un doux vent,
Comme un éclair dans les yeux,

Un éclair blanc sur leur chemin,
C'est un instant d'éternité,
Qu'ils voudraient prolonger demain,
Cela jusqu'à perpétuité,

Ne serait ce qu'un petit voyage,
À l'endroit où l'âme trépasse,
Découvrir d'autres paysages,
Sur le boulevard du temps qui passe,

Ils se regardent quelques instants,
L'amour est passé tout près d'eux,
Devant ce regard insistant,
Un doux souvenir pour les yeux.

L'ORIGINAL

Il marche d'un pas de sénateur,
C'est pourquoi il n'est pas à l'heure,
Il aime les cafés bien frappés,
Qu'il boit dans les endroits huppés,

Mais quand il la prend dans ses bras,
Il lui dit serre-moi contre toi,
Il y a des amours heureux,
C'est leur bonheur à tous les deux,

On dit qu'il est original,
Mais ce n'est pas l'père la morale,
Il s'en fout il a sa p'tite femme,
Et son petit corps qui l'enflamme,

Au lieu de lire son journal,
Il va relire les fleurs du mal,
Il est poète par intérim,
Et note souvent quelques rimes,

Puis il enfourche son vélo,
Même si la pluie tombe à grand eau,
Ne veut plus passer les frontières,
Peur de rattraper la misère,

Il s'en fou il a sa p'tite femme,
Alors pour lui montrer sa flamme,
Il lui dit viens serre-moi fort,
Ma mie tu es mon sémaphore,

Il n'aime pas trop les militaires,
Et l'avoue pourquoi le taire,
Il dit que le pas cadencé,
Ne fait pas vraiment avancer,

Mais quand il la prend dans ses bras,
Il lui dit serre-moi contre toi,
Il y a des amours heureux,
C'est leur bonheur à tous les deux.

MA SEINE

Ce n'est pas la Seine de Prévert,
Mais celle de Gustave Flaubert,
Qui va vers l'estuaire sereine,
Tout en rimant avec Verlaine,

Paisible et fier petit ruisseau,
Qui sort à peine de son berceau,
Seine se faufile sur le plateau,
De Langres et descend du coteau,

Coule de source à travers champs,
Puis devient fleuve en grandissant,
Ravine dans la campagne,
Sur son passage castagne,

Plus calme en vallée elle serpente,
Car seule une idée la hante,
Aller se perdre dans la mer,
À la grande joie des steamers,

Elle passe sous des ponts jolis,
Soudain c'est le coup de folie,
Quand elle arrose notre Paris,
Et frôle la conciergerie,

Au Pont Saint Michel se tortille,
Sous les pierres de la Bastille,
Un clin d'oeil au zouave de l'Alma,
C'est une question de karma,

Entre falaises et méandres,
Elle commence à se détendre,
À l'approche de la Normandie,
Rollon et les poètes maudits,

Puis suit son itinéraire,
Impatiente d'épouser la mer,
Ce n'est pas la Seine de Prévert,
Mais la Seine de Gustave Flaubert,

Qui renaîtra tout comme hier,
Petit ruisseau et grande rivière,
Moi mon enfance c'est la Seine,
Qui coule et rime avec Verlaine.

PORTRAIT

Elle a cette allure sauvage,
Des femmes de la province,
On ne peut pas lui donner d 'âge,
Un visage ovale et mince,

Comme le peignait Modigliani,
Cheveux ramenés en arrière,
Corsage dentelé dArménie,
Belle à croquer jolie et fière,

Elle vit au jour le jour Emma,
En rêvant à son prince charmant,
 Qui vint un jour et puis l'aima,
Ses rêves bleus n'ont plus vingt ans,

Et ses cheveux devenus gris,
Témoignent de sa solitude,
Son petit corps est amaigri,
Elle n'est pas en pleine zénitude,

Moi lorsque je la rencontre,
J'essaie chaque fois de lui parler,
Mais le peu d''envie qu'elle montre,
À chaque fois me fait reculer,

C'est une femme de la province,
Comme le peignait Modigliani,
Le visage long et mince,
Corsage dentelé d'Arménie.

MA BOÎTE À MOTS

Des mots dorment dans une petite boite,
De jolis mots qui s'emboîtent,
Un cœur transpercé dessiné dessus,
Entouré d'un nœud en tissus,
Alors quand je pense à toi ils sont bleus,
Avec les larmes de mes yeux,

Dans mon vieux piano dorment des notes,
Sur une portée je les annote,
Comme tu n'es pas là do mi si là,
Je me dis ma foi: Inch Allah!
Les notes qui s'égrènent sous mes doigts,
Puissent-elles s'en aller vers toi,

Te dire que j'ai des mots dans une boite,
Des mots pour toi qui s'emboîtent,
Un cœur transpercé dessiné dessus,
Entouré d'un nœud en tissus,
L'écriture a une place de choix,
J'ai le rêve au bout de mes doigts.

RURALE SOLITUDE

Elle s'ennuie dans ce trou perdu,
Et a ce beau regard tendu,
Des femmes de la campagne,
Que personne n'accompagne,

Elle porte une certaine tristesse,
Sous un énergique faciès,
Qui dénonce la misère,
Qu'elle a du subir peuchère,

Mais porte en elle des regrets,
Enfouis qui restent secrets,
Alors le soir elle voyage,
Elle caresse les nuages,

Et ses rêves l'emmènent hors du temps,
Bercée par les arbres et le vent,
Monté sur un cheval ailé,
Qu'elle chevauche elle s'en va voir les,

Courants qui l'emportent la haut,
Et se prend pour un bel oiseau,
Lorsque la nuit sera brune,
Elle dormira dans la lune,

Elle s'ennuie dans ce trou perdu,
Et a ce beau regard tendu,
Des femmes de la campagne,
Que personne n'accompagne,

Demain dans la plaine le soleil,
Et c'est ma foi chaque jour pareil,
Brûlera encor ses paupières,
Elle transpirera comme hier,

Sous son petit gilet de laine,
Qu'elle vient de tricoter à peine,
Alors avec impatience,
Et une certaine souffrance,

Pour vaincre sa solitude,
Elle en a pris l'habitude,
Elle attend le soir pour rêver,
S'évader d'un monde à crever.

SONNET POUR L'AUTOMNE

Je le vois chevaucher sur son cheval mustang,
Avec ses dépressions, son changement de temps,
Le moment de cueillir les jaunes tournesols,
Un cortège de feuilles qui tombent sur le sol,

Des couleurs qui changent, la belle romance,
Fait que dame nature, va être en dormance,
L'arrière saison s'en vient, chez nous tambour battant,
L'arbre pleure ses feuilles, nous nos rêves d'antan,

Qu'il soit été indien ou de la Saint Martin,
J'ai bien vu ce matin que l'automne revient,
En entendant le cerf qui bramait sous la lune,

Il nous faut maintenant accepter la saison,
Nous n'avons pas le choix restons à la maison,
Il faut de temps en temps penser à sa brune.

MA NORMANDIE

C'est un pays joli avec beaucoup de pluie,
En tous cas on le dit, nous sommes en Normandie,
De l'herbe des pâturages, et de nombreux herbages,
Sur le sol du fourrage, ici terre d'élevage,

Chemins creux et bocages, on trouve des culs-terreux,
Casquette sur la tête , attablés et heureux,
Qui jouent aux dominos en disant quelques blagues,
Et roulent leur tabac, tranquilles sans faire de vague,

Mais tous ces paysans sont de même acabit,
Ils ont soufferts et portent, jusque dans leurs habits,
Les odeurs animales de la verte campagne,
Bien souvent quelques chiens osseux les accompagnent,

Humez donc les senteurs de ce bon jus de pomme,
Qui sort du vieux pressoir actionné par les hommes,
Allez venez donc voir, c'est la première boisson,
Du cidre que l'on boit, quand ils font la moisson,

Les petites flaques d'eau, jonchent les chemins creux,
Mais à l'horloge du temps, les gens paraissent heureux,
Restent bien attachés à leur petit village,
On fait des centenaires dans ces normands bocages,

Ce qui a inspiré pléiade d'écrivains,
Et je vais de ce pas en nommer quelques uns :
Géricault Fontenelle, ces auteurs quelle merveille
Flaubert et Maupassant, puis les frères Corneille,

Francis James Verhaeren, Boieldieu Armand Carrel,
Tous ont vécu ici c'est comme une aquarelle,
Aux couleurs naturelles, fraîche dans les couleurs,
Venez nous visiter, je vous attends sur l'heure.

MAMAN ARLETTE

Je vous parle de dame d'Arlette,
Ma petite voisine du dessus,
Elle sait mettre mon cœur en fête,
Je l'aide un peu à son insu,

On l'aime bien maman Arlette,
Car c'est une belle personne,
Elle fait souvent sa coquette,
Et **très souvent** elle nous sonne,

Ce qu'elle offre c'est l'espérance,
On sent tout de suite sa douceur,
Sa gentillesse une évidence,
Tout ce qu'elle dit vient du cœur,

Moi je sais qu'elle a bien souffert,
Et qu'elle a connu la douleur,
Parler c'est tout ce qu'elle peux faire,
Elle connaît aussi les couleurs

Des sentiments, question de temps,
Une chaleur qui met en phase,
Et l'impression qu'elle a cent ans,
Un peu de mal dans ses phrases,

Ma petite voisine du dessus,
Â tout jamais s'est endormie,
Âme envolée à mon insu,
C'est un tsunami mes amis,

Sans vouloir déranger les gens,
C'était une belle personne,
Aussi ma seconde maman,
Je voudrais bien qu'elle me sonne,

Elle nous offrait l'espérance,
D'un jour nouveau et sa douceur,
C'était une femme d'expérience,
Enfin notre maman de cœur.

MONSIEUR RÊVE

L'homme est assis sur une pierre,
Et regarde le temps passer,
C'est un grand garçon qui se perd,
Dans ses rêves et dans son passé,

Il aurait bien voulu partir,
S'en aller découvrir ailleurs,
Quitter sa terre c'était mourir,
Il voulait attendre son heure,

Alors il rêve sur sa pierre,
Qu'il existe un monde meilleur,
Et c'est un garçon qui se perd,
Afin de trouver le bonheur,

Il rêve de s'en aller, il rêve de partir,
Changer le quotidien et retrouver l'envie,
Bouger les habitudes, pour pouvoir s'investir,
Le p'tit coup de folie qui bascule la vie,
Façon de découvrir qui sait un monde meilleur,
Enfin s'en aller voir ce qui se passe ailleurs,

C'est bête de refaire le monde,
Comme il le faisait à 15 ans,
Il aurait du depuis le temps,
Voir si la terre était ronde,

Pourquoi aller chercher ailleurs,
Ce qu'il avait tout prés de lui,
Dans son grand voyage intérieur,
Il le reconnaît aujourd'hui,

Alors il rêve sur sa pierre,
Qu'il existe un monde meilleur,
Et c'est un garçon qui se perd,
Afin de trouver le bonheur.

LES PRÉLUDES

Lorsque sur ton piano, tu viens me jouer Chopin,
En enchainant les croches, c'est matin merveilleux,
Entre soupirs et pauses, « je l'aime bien Chopin »,
Quand j'entends les préludes, moi je ferme les yeux,

Mets-toi sur ton piano, enchaine blanches et noires,
Et fais nous partager ta musique jolie,
Fais le fortissimo, c'est bien ton répertoire,
Pour qu'un vent de folie souffle sur notre vie,

Le temps est suspendu, je te sens Polonaise,
Quand tu graves sur moi, tes jolies lèvres Reine,
Avec virtuosité pour que les corps s'apaisent,
Il y a des instants, que l'on voudrait pérennes,

Et si matin chagrin, un jour change la donne,
Je connaitrai alors, à travers les silences,
Les raisons de ton cœur, quand la musique sonne,
Dans l'ombre et la lumière, je sais bien qu'il balance,

En suivant ton humeur, change de partition,
Mélangeons nos passions, car elles se   ressemblent,
Mes mots sont des musiques, et sans être Apollon,
Chaque note à sa place, composons ensemble;

Mets-toi sur ton piano, viens donc me jouer Chopin,
En enchainant les croches, c'est matin merveilleux,
Entre soupirs et pauses, « je l'aime bien Chopin »,
Quand j'entends les préludes moi je ferme les yeux.

ROSE DES SABLES

Balayé par le vent, qui souffle sur la dune,
Une rose des sables, roule et vient se blottir,
Sur le sol désertique, par un beau soir de lune,
Inoubliable elle est, nul ne peut la cueillir,

Elle est rose empilée, érodée par le vent,
Petites particules accrochées une à une,
Asséchées par le flux, et meurtries par le temps,
Rosace de poussière, tu es ma pierre de lune,

Belle fleur du désert, laisses tu tes empreintes,
Sur le sable du temps, toi qui n'a pas d'épine ?
Dis moi as-tu la clef, entends tu ma complainte,
J'aimerais tellement, ne point courber l'échine.

L'ADIEU

Tels des oiseaux désemparés,
Ils se sentaient mal dans leurs peaux,
Cessant même de respirer,
Et personne ne soufflait mot,

Toutes et tous furent en osmose,
Quand â la station balnéaire,
Ils jetèrent la belle rose,
Au large de la Cotinière,

Après dispersion des cendres,
En hommage au cher disparu,
Dans l'océan, ses méandres,
La fin d'un chemin parcouru,

Repose en paix dans ses vagues,
Suivant tes dernières volontés,
Tu es passé c'est une blague,
Mais c'est pas notre tasse de thé,

La mer est ton sanctuaire,
Saches que tu vis dans le cœur,
De ceux qui t'ont aimé hier,
Aucun océan tous en chœur,

Le point final n'existe pas,
Si tu as rejoint le néant,
Nous aussi marchons sur tes pas,
Mais où sont nos neiges d'antan.

LES BORDS DE MER

Moi j'ai retrouvé bien caché,
Dans un cahier une fleur séchée,
Que nous avions cueilli tous deux,
Lorsque nous étions amoureux,

C'était au temps des bords de mer,
De nos espoirs de nos chimères,
Dans le sable et dans les vagues,
Au temps ou les corps divagues,

Par la pensée et les caresses,
Sous la pression d'une grande ivresse,
On était jeune on était fou,
Nous n'avions pas de garde fou,

Dans les jardins du casino,
C'était Colombine et Pierrot,
Qui voulaient décrocher la lune,
Mais nous n'avons pas fait la une,

Les bords de mer sable à la pelle,
Avec amertume me rappellent,
Les beaux jours de mon enfance,
Ainsi que notre insouciance,

Les bords de mer petite brume,
Avec amertume que l'on hume,
Prise de conscience de l'absence,
Sable sans pelle affreux silence,

Il ne me reste que caché,
Dans un cahier une fleur séchée,
Que nous avions cueilli tous deux,
Lorsque nous étions amoureux.

LA JACHÈRE

Elle a le cœur en jachère,
Ne cultive plus son jardin,
À pris le deuil de l'hiver,
Et dit que c'est son destin,

Elle se sent abandonnée,
Son joli cœur est en friche,
Elle lui avait tout donné,
Mais de cela il s'en fiche,

Alors tout ce qu'elle sait faire,
C'est cueillir des herbes folles,
Tout au bord de la rivière,
Comme au bon temps de l'école,

Elle ne veux plus voir personne,
Et a le cœur à l'envers,
Mais si quelqu'un la questionne,
Elle prend ses quartiers d'hiver,

Pourtant son jardin frissonne,
Il a le sens de la terre,
Après les semailles d'automne,
Refleurira la jachère,

En attendant ce qu'elle sait faire,
C'est cueillir des fleurs sauvages,
Elle a le cœur en jachère,
Mais son esprit voyage.

PASSEUR DES ÎLES

Je suis le passeur des îles,
Embarquez vite sur mon bateau,
Je suis la force tranquille,
Qui va vous faire rêver sur l'eau,

Vous avez besoin d'évasion,
Venez me voir absolument,
Je propose mes excursions,
Si vous avez un peu de temps,

Je ferais le tour des îles
Lavezzi, la croisière du Coeur,
Ayez confiance je suis habile,
Voguons sur l'océan en chœur,

Nous irons vers les Sanguinaires,
Et découvrirons Ajaccio,
Paysage extraordinaire,
Puis retour sur Bonifacio,

Oui Madame je viens des îles,
Embarquez vite sur mon bateau,
Je suis la force tranquille,
Qui vous fera rêver sur l'eau,

Isle était une fois une île,
Appelée île de beauté,
Elle est propice aux idylles
Les Grecs l'appelaient Kallisté.

L'AMITIÉ

Elle est tendresse et harmonie,
Fraternité et sympathie,
Elle ne coute rien elle se donne,
C'est la chanson que l'on fredonne,
Elle est faite de petits riens,
Comme tes poèmes que j'aime bien,

C'est elle qui comprend mes larmes,
Dans mes deuils et mes alarmes,
Donne à mon âme l'étincelle,
D'un ciel de printemps qui ruisselle,
Dans un monde qui bouge et change,
Nous n'attendons rien en échange

C'est l'ami virtuel sur le net,
Malade pour qui on s'inquiète,
Le bon chien qui tout près me suit,
Qui m'accepte comme je suis,
Elle est tendresse et harmonie,
Fraternité et sympathie,

Elle est proche du mot amour,
En s'entretenant chaque jour
Alors si tu es en détresse,
Ami (e) envoie un S. O. S.
Elle est sans frontière pour les cœurs,
Je dirais presque l'âme sœur.

J'AIME TRÉNÈTEMENT

J'aime la Seine qui rime avec Verlaine,
J'aime Hélène et les trois capitaines,
J'aime les bouteilles qu'on jette à la mer,
Tes yeux verts quand ton regard se perd

Dans ma voix, et lorsque tout à coup,
Tu te pends doucement à mon cou,
Mais je me demande encore pourquoi,
Toi ma belle tu rimes avec moi ?

Sans doute le parfum du jasmin,
Qui un jour s'épandit sur mes mains,
Ou bien le destin c'était écrit,
Sur les tables de la loi ma mie,

J'aime les pompons jaunes du mimosa,
Qu'un jour mon inconnue tu osas,
M'offrir à la croisée du chemin,
Un soir de folie à Saint Germain,

J'aime ma ville et j'y suis attaché,
Le père Hugo et ses cents clochers,
J'aime qu'on chante de par le monde,
Qu'un jour on puisse faire une ronde.

« J'aime mon père, la France le bon dieu Et puis les femmes, femmes qu'ont les yeux bleus » - Charles Trenet

LE SILENCE

Elle restait prostrée dans un long silence,
Qui s'étsilenceernisait depuis son absence,
Elle n'arrivait plus ma foi à comprendre,
Qu'il fallait revoir sa carte du tendre,

Il l'avait laissée au bord de la route,
Toute seule sans raison permettez qu'elle doute,
Ne lui restait plus que cette pauvre errance,
Pour battre son cœur souffrant à outrance.

Et ce long silence devenait des notes,
Qui masquaient l'absence du beau croque note,
Rejoignant très haut cœur sur ses genoux,
Les belles planètes dans un rêve doux,

Alors de ce cri que personne n'entend,
Qui compense l'absence de l'être aimant,
Elle avait le cœur qui fondait en en larmes,
Et de longs sanglots comme seules armes.

LE VENT

Savez-vous d'où vient le vent,
Quand il souffle infiniment,
Dans les villes ou dans les champs ?

Tramontane ou vent d'autan,
Quand tu souffles sur la dune,
En bourrasque ou bien violent,
Saches que tu nous importunes,

Mais quand tu te fais zéphyr
Que tu es doux caressant,
On ne souhaite plus s'enfuir,
Nos rêves s'envolent indécents,

Vent du nord ou vent du sud
Tu fais l'amour à la terre,
La caresse en altitude,
Tout en gardant le mystère,

Savez-vous d'où vient le vent,
Quand il souffle infiniment,
Dans les villes ou dans les champs ?

Nul ne le saura jamais,
Alors plus je prends de l'âge,
« Je m'en vais au vent mauvais ».
Tel un oiseau de passage.

LE VOYAGE

Assise sous l'arbre centenaire,
Elle écoute chanter les oiseaux,
Et le vent qui plie les roseaux,
Là elle est bien à ne rien faire,

Elle se munit de son cahier,
Et rêve de son Petit Prince,
Dans la galaxie des provinces,
En faisant des rimes des déliés,

Elle voyage avec des mots doux,
Qui sont parfois salés sucrés,
Et vont parfumer la soirée,
Ainsi que son cœur d'amadou,

Demain sous l'arbre centenaire,
Elle rejoindra les nuages,
Pour faire un nouveau voyage,
C'est bien tout ce qu'elle sait faire,

Écrire pour laisser une trace,
Écrire aussi pour le plaisir,
Pour exister et séduire,
Écrire pour faire de la place.

HIVER EN SOLOGNE

Un petit vent du nord souffle sur la campagne,
Les arbres sont givrés et certains sont tombés,
Au loin l'angélus sonne, ma chienne m'accompagne,
Devant une telle beauté, je reste bouche bée,

Les vieux arbres gelés paraissent crucifiés,
Ils ont perdu leur sève, certains forment des croix,
Aussitôt je m'empresse de les photographier,
Tout est transfiguré à cause du grand froid,

L'étang est sous la glace, se reflète dans l'eau,
Le petit pont de bois et la réverbération,
À des reflets intenses, c'est vraiment un cadeau,
Que me fait la nature car tout n'est qu'émotion,

Le tableau est parfait je me laisse bercer,
Et j'écoute le vent c'est un enchantement,
J'entends un bruit au loin c'est un oiseau qui s'est
Egaré dans le soir qui tombe doucement,

Avec un grand regret, je quitte cet endroit,
Ou tout n'est que mystère sans aucune présence,
Ma Morgane à la laisse je marche et file droit,
Alors tout se mélange à travers ce silence,

Les peines et les joies mais aussi les chagrins,
Dans ce beau paysage propice à la rêverie,
Cette jolie ballade m'a fait beaucoup de bien,
À cet instant précis, je pense belle est la vie.

JE TE DIRAI

Je te dirai les mots que tu veux entendre,
Je referai pour toi la carte du tendre,
Le temps nous est compté, partons à l'aventure,
Nous pourrons tous les deux admirer la nature,

Surtout il ne faut pas que le soufflet retombe,
Il se pourrait que tout, fasse l'effet d'une bombe,
Rallumons donc la flamme pour que le feu s'attise,
Je plonge dans ton âme, c'est dans elle que je puise

Les douleurs et les joies et ma raison de vivre,
Le beau printemps arrive, je me sens un peu ivre,
Alors viens rejoins moi, ma mie sur l'autre rive,
Pour que je ne puisse pas aller à la dérive.

PÊCHEURS DE BALEINE

Dans la blancheur du matin,
Les pêcheurs s'en sont allés,
Le ciel est couleur satin,
Dites, est-ce que vous voyez les
Femmes qui agitent leur mouchoir,
C'est pour leur dire au revoir,

Ils partent pour une année,
Dans le vent et la tempête,
Faut avoir l'âme bien née,
Tout ce temps sans faire la fête,
Adieu femmes de nos pensées,
Adieu mères et fiancées,

Dans la blancheur du matin,
Ils partent chasser la baleine,
Le ciel est couleur satin,
Remplis d'espoir et de peine,
Aux ordres du capitaine,
Sans amours et sans fredaines,

P'tite Margot n'ait pas de haine,
Toi la femme de mes pensées,
Rendez vous l'année prochaine,
Adieu douce fiancée,
Je sens monter la marée,
Ne soit pas désespérée,

Dans la blancheur du matin,
Les pêcheurs s'en sont allés,
Le ciel est couleur satin,
Toutes les femmes sont rentrées,
J'entends la corne de brume,
Un peu plus que de coutume.

MA FRANCE À MOI

Ma France à moi,
C'est Danton et Robespierre,
La ligue révolutionnaire,
C'est Picasso et de Gaulle,
Charlemagne et puis la Gaule,
Eluard, ne vous en déplaise,
Gainsbourg et la javanaise,

Ma France à moi,
C'est bien la diversité,
Aussi la fraternité,
Paris Paris libéré,
Une escale à l'île de Ré,
C'est la langue de Molière,
Les territoires d'outre mer,

Ma France à moi,
C'est aussi les rois maudits,
Les tabous et les non dits,
A.de Saint-Exupéry,
Petit Prince et vol de nuit,
C'est Trenet et ya d'la joie
Brel qui harangue les bourgeois,

Ma France à moi,
C'est Arcole et Rivoli,
Ces soldats ensevelis,
Et le pain de l'auvergnat,
À l'immigrant dit bougnat,
Charlie qui taille ses crayons,
La liberté d'expression,

Ma France à moi,
C'est aussi l'égalité,
Et puis la fraternité,
La liberté de penser,
A la dame de ses pensées,
Une douce souvenance,
Du pays de ma naissance.

PRENDRE LE TEMPS

Il faut prendre le temps,
De regarder les gens,
Les choses et la nature,
Partir à l'aventure,

Il faut prendre son temps,
Pour contempler un champ,
La graine qui poussera,
Le blé qui grainera,

Il faut prendre le temps,
Des matins exaltants,
Aller sans se presser,
Ne jamais se lasser,

Il faut un temps pour tout,
Et l'atout cœur surtout,
Celui des fiançailles,
Et puis des épousailles,

Il faut prendre le temps,
De regarder les gens,
Plus loin que les frontières,
Et Paris en colère,

Un soir de mauvais temps,
De voir tous ces enfants,
Pris comme boucs émissaires,
Meurtris lors d'un concert,

Martyrs dans le silence,
Qui sont morts pour la France,
Personnes de tous mélanges,
Dans notre Baie des Anges,

Alors reste le temps,
Des malheureusement,
Et du confiteor,
Pour enterrer nos morts,

Et puis enfin le temps,
Celui des pauvre gens,
La ou tout s'évanouit,
Bien au loin dans la nuit,

Quand le cœur n'est plus là,
Et puis que rien ne va,
Il faut prendre le temps,
De regarder les gens.

LES MAINS DE GRAND MÉMÉ

Je regardais ses mains,
Usées par le labeur,
Pensant qu'à l'examen,
Elles étaient en douleur,

D'avoir tant travaillé,
Aussi d'avoir aimé,
Oui elles étaient usées,
Les mains de Grand Mémé,

Car avec sa cousine,
Quand elles étaient enfants,
Travaillaient â l'usine,
Et n'avaient que dix ans,

C'était un travail d'homme,
Fabriquer des cardes,
Et les bêtes de somme,
N'étaient pas gaillardes,

Je regardais ses mains,
Fabriquer la dentelle,
Je vois son tour de main,
Pour les dessous des belles,

Et je m'imaginais,
Que c'était pour des reines,
Moi petit blondinet,
Qu'elle prenait de la peine,

D'avoir tant travaillé,
Aussi d'avoir aimé,
Oui elles étaient usées,
Les mains de Grand Mémé,

Et je reste en amour,
Depuis qu'elles se reposent,
En gentil troubadour,
Ce texte je dépose.

LE PÉTALE DE ROSE

Un corsage à fleurir,
Je choisirais le vôtre Madame,
Une fleur à cueillir,
Je choisirais la rose Madame,

Un pétale de rose,
Est tombé ce matin,
En effleurant ma main,
Il m'a dit Pierrot ose,

À la levée du jour,
Cueille ma jolie rose,
Ma jolie rose éclose,
Son cœur est plein d'amour,

Elle n'attend plus que toi
Pour venir la séduire,
Je sais qu'elle te désire,
Son cœur lui cherche un toit,

Comme Ronsard ose,
En vers ou bien en prose,
Sache bien que ma rose
Guérit les ecchymoses,

C'est une rose sans scandale,
Une jolie une fleur qui vole,
Sache qu'elle n'est pas frivole,
Mais elle perd ses pétales,

Un pétale de rose,
Est tombé ce matin,
En effleurant ma main,
Il m'a dit Pierrot ose,

Tu as bien quelque part,
Un corsage à fleurir,
Tu peux bien lui offrir,
À l'abri des regards,

Alors cœur en émoi,
Troublé par son parfum,
Je décidais enfin,
De retourner chez moi,

Un corsage à fleurir,
Je choisirais le vôtre Madame,
Une fleur à cueillir,
Je choisirais la rose Madame,

LA VIE EST COURTE

Il,
Ne sait pas quoi faire de sa vie,
Alors il nous dit qu'il survit,
Il a eu ce coup de folie,
Qui devait bousculer sa vie,
Il a fait sa déclaration,
Tout ému, avec distinction,
Mais connait l'angoisse de la nuit,
Et l'attente pire que l'ennui ;

Il,
Ne sait pas quoi faire de sa vie,
Alors il nous dit qu'il survit,
En se perdant dans ses passions,
Il en pleure encor d'émotion,
Pour essayer d'oublier elle,
Il a marché vers Compostelle,
Il voulait voir les cathédrales,
Afin d'approcher son étoile ;

Alors il nous a dit :
*« La vie est courte mais il y a des longueurs,
Surtout dans les affaires de cœur ! »*

Il,
Ne sait pas quoi faire de sa vie,
Alors il nous dit qu'il survit,

Qu'il a battu la campagne,
Voulait qu'elle l'accompagne,
Ses rêves ne sont que des partir,
Il voudrait bien ne pas vieillir,
Dit que la vie est ennuyeuse,
Mais rejette la grande Faucheuse ;

Il,
Ne sait pas quoi faire de sa vie,
Alors il nous dit qu'il survit,
Ne regarde plus le rétro,
Dort toutes les nuits dans le métro,
Lui, doit-il payer l'addition
À cause de son addiction ?
Et vendre son âme au diable,
Dernier ko sur le sable ;

Il,
Sait ce qu'il doit faire de sa vie,
Alors il nous dit qu'il revit,
Sait qu'il faisait d'la résistance,
Remet en cause son existence,
Dans la vie il y a des longueurs,
Surtout dans les affaires de cœur,

Alors il nous a dit :
*« La vie est courte aussi j'ai revu sans attendre,
Ma carte du tendre !"*

PETITE FLEUR

Quand le soleil pâlît,
Et que la rose soupire,
Jardin en léthargie,
Moi je vais la cueillir,
Afin de te l'offrir,
Et ainsi te fleurir,

Tu es comme un soleil,
Dans les bois de mon cœur,
Tu es une merveille,
Au jardin de mes fleurs,
Tu brilles sans le savoir,
Sans t'en apercevoir,

Quand le soleil pâlit,
Et que toi tu soupires,
Jardin en léthargie,
Alors je crains le pire,
Et c'est l'apothéose,
Quand je t'offre la rose.

LE CLOWN

Assis sur les gradins, ils crient ils gesticulent,
Parfois ils rient aussi des bêtises d'Auguste,
Qui marche de guingois en chaussures à bascule,
Entonne une chanson qui manque d'être juste,

S'ils savaient ces petits que sous son maquillage,
L'homme porte une croix et souffre en silence,
Qu'il cache sa misère sous son rouge visage,
Et pour se protéger fait rire l'assistance,

Je m'appelle Achille salut la compagnie,
Je cherche mon Pierrot vous savez le clown blanc,
Il est très élégant, et personne ne nie,
Que sous son costume blanc il fait rire les enfants,

Le clown est fatigué Il s'inquiète et s'angoisse,
Il a pris sa guitare et fait quelques accords,
Puis il leur fait encore quelques belles grimaces,
Et tombe à la renverse en basculant son corps,

Il entend les bravos qui partout retentissent,
Les petits garnements qui s'en donnent à cœur joie,
Et puis tous ses amis là bas dans les coulisses,
Qui sont venus le voir une dernière fois,

C'st la dernière séance alors Achille est triste,
Il n'a plus la santé et doit quitter le cirque,
Refait une fois encore un dernier tour de piste,
Les forains l'applaudissent, il est pris de panique,

Assis sur les gradins, ils crient ils gesticulent,
Sifflent une dernière fois le clown sur la piste,
Qui marche de guingois en chaussures à bascule,
Achille s'en est allé salut bel artiste.

LA VIEILLE

Elle traîne la jambe la vieille,
Et marche de guingois,
Sait que c'est pas la veille,
Qu'elle s'en ira au bois,

C'était toute sa vie,
Sa campagne ses champs,
Mais elle n'a plus envie,
Elle s'en va trébuchant,

Alors elle se raisonne,
Elle va du lit au lit,
Écoute l'heure qui sonne,
Au clocher d'l'abbaye,

Il y a certains soirs,
Ou tout devient mystères,
L'âme dans le brouillard,
Elle quitte cette terre,

Son bel esprit voyage,
Et son âme s'égare,
Elle voit d'autres images,
Un autre quai de gare,

Elle ne fait pas semblant,
Elle fait son petit Prince,
La bas tout est si blanc,
Elle aime ces provinces,

Et quand elle se réveille,
Qu'est ce qu'elle se sent heureuse,
La haut c'est une merveille,
Dit qu'elle est amoureuse,

Est un signe du destin?
Elle a peur de demain,
Elle en perd son latin,
A demandé ma main,

Elle traîne la jambe la vieille,
Et marche de guingois,
Sait que c'est pas la veille,
Qu'elle reverra son bois.

LE CAP DE LA HAGUE

Juste le bruit des vagues, un peu de vague à l'âme,
C'est le cap de la Hague, sauvage avec ses lames,
Puis il y a toi et moi, en route sur le sentier,
Tortueux des douaniers, que c'est beau l'amitié,

Nous marchons en silence, pensons à Jacques Prévert,
Aussi à l'influence, du pays sur ses vers,
C'est un bel inventaire, sur un ilot rocheux,
Sans doute retardataire, passe devant nos yeux,

Un oiseau migrateur, promeneur solitaire,
C'est un annonciateur, de beau temps sur la terre,
Au loin la péninsule recouverte de brume,
D'une fine pellicule, bien plus que de coutume;

Apparaît sous nos yeux, une ile anglo-normande,
Découpée sur fond bleu, un peu comme une offrande,
C'est le cap de la Hague une petite Irlande,
Caressée par les vagues, entre bocages et landes,

Il y at toi et moi, en route sur le sentier,
Qui regardons émus le paysage entier,
Soudain elle prit ma main et la serra très fort,
Cherchant auprès de moi un peu de réconfort,

Juste le bruit des vagues, un peu de vague à l'âme,
C'est le cap de la Hague, sauvage avec ses lames,
Nous marchons en silence, pensons à Jacques Prévert,
Aussi à l'influence, du pays sur ses vers.

HIVER MARIN

Monsieur winter est là, monsieur winter arrive,
Dans le ciel gris laiteux j'ai vu un vol de grives,
Qui allait hiverner dans un autre pays,
Elles auront très bientôt goût de revenez y,

Un marin sur le port joue de la cornemuse,
Pour tous ceux qui sont loin et recherche sa muse,
Au bar de chez Monette le soir se fait velours,
Certains dorment au comptoir, d'autres ont le cœur lourd,

Il se sentent bien seuls sur leur ilôt flottant ,
Et surtout en hiver par jour de mauvais temps,
Ils partiront demain à la pointe du jour,
Il reste peu de temps pour se parler d'amour,

Premiers frissons d'hiver sous le pied du marin,
Premier brouillard givrant sous le froid des embruns,
Et des vagues glacées qui leur mouillent la tête,
Quand ils sont sur le pont au creux de la tempête,

Sous les yeux en colère et sous les cris stridents,
De jeunes goélands soulevés par le vent,
Au bar de la marine le soir se fait velours,
À chaque jour sa peine et son bonheur du jour,

Monsieur winter est là monsieur winter arrive,
Dès l'aube ils seront tous, déjà sur le qui vive,
Avec une pensée pour, ceux qui par infortune,
Ont un jour disparu par une nuit sans lune.

LA MARAUDE

Ce soir en faisant la maraude,
On l'a vu sous sa couverture,
Alors j'ai pensé la mort rode,
Oh! Mes amis quelle aventure,

Il a bu une tasse de café,
Nous a demandé du tabac,
J'ai vu qu'il était assoiffé,
Qu'il n'avait rien dans son cabas,

Pas grand chose dans sa besace,
Sauf une bouteille de vin blanc,
Pour oublier toutes les menaces,
Rendre le trottoir accueillant,

Sans chez lui il nous a bien dit,
Qu'il n'avait plus besoin de rien,
Mais qu'il craignait la maladie,
Et prenait le temps comme il vient,

Il a répété je survis,
Mais j'ai l'angoisse de la nuit,
Alors que ais je faire de ma vie,
L'attente est bien pire que l'ennui,

J'ai peur de la grande faucheuse,
Mes rêves ne sont que des partirs,
Je la pensais très amoureuse,
Mais elle n'a fait que me détruire,

J'ai essayé d'oublier Elle,
En me perdant dans mes passions,
Sur le chemin de Compostelle,
Voyez j'en pleure d'émotion,

Je voulais voir les cathédrales,
Et les statues du moyen age,
Afin d'approcher les étoiles,
Comme les compagnons du voyage,

Il reprit un peu de café,
Nous l'avions mis en confiance,
N'était plus du tout assoiffé,
Et a rejoint la permanence,

Ce soir en faisant la maraude,
On avait réglé une urgence,
Mais tous les jours la mort rode,
Et toujours cette indifference.

DÉSIRS D'AUTOMNE

Désirs d'automne,
Voilà qu'il tonne,
Feuilles tourbillonnent,
Tournent et s'envolent,

Couleurs qui changent,
C'est un mélange,
De vert d'orange,
Pour toi mon ange,

Des feuilles rousses,
Tombent sur la mousse,
À la rescousse,
Le vent les pousse,

Désirs d'automne,
Soleil rayonne,
Le vent s'étonne,
Car je chantonne,

Feuilles qui dansent,
Plus de souffrance,
Tout en nuance,
Mon cœur en transe,

Désirs se posent,
On dit des choses,
À peine écloses,
Une overdose.

CROQUONS LES MOTS

Parfois on dit des mots, qui font très mal, des mots,
Qui font pleurer, des mots, qui nous créent bien des maux,
Parfois on dit des mots, compris à demi-mot,
Des mots fortissimo, mais je crois qu'en un mot,

Mieux vaut pianissimo, le lancer le gros mot,
S'il y a des marmots, qui écoutent mot à mot,
Ce que l'on dit, des mots, même chez les esquimaux,
Les habitants de Meaux, on dit parfois des mots,

Ce sont des mots d'amo(ur), qui sont des petits mots,
Doux qui font les jumeaux, qui de surcroît gémeaux,
Repeuplent les hameaux, parfois naît un grimaud,
Qui écrit mal les mots, parfois on dit des mots,

Qui nous créent bien des maux, pardon du jeu de mot,
Et mal aux lacrymaux quand elle nous dit ciao,
Alors au fil de l'eau on jette un dernier mot,
Au génie de nos maux et l'on rêve de beaux mots.

LA MANADE

C'était du côté des Saintes-Maries,
Elle était montée sur son cheval gris,
Une randonnée au bord des étangs,
C'était le printemps avant le printemps

Galops garantis au bord de la plage,
Le bruit des sabots des chevaux sauvages,
C'était du côté des Saintes-Maries,
Elle chevauchait un beau cheval gris,

Les sabots dans l'eau s'en venaient mouiller,
Nos bottes de cuir et nos étriers,
Au loin on voyait le fameux clocher,
Qui semble au ciel toujours accroché,

Le soir feu de camp, l'accord des guitares,
Ravive la flamme pour les couches tard,
On parle et on chante avec tous ces gens,
Qui évoquent Sarah patronne des gitans,

C'est au mois de mai le pèlerinage,
Que font chaque année les gens du voyage,
De retour au camp j'ai le flamenco,
En tête la gitane qui frappe en écho,

Matin découverte les fameux taureaux,
Ceux de race "Di Biou" étant les plus beaux,
Quelque échassiers s'invitent nous narguent,
Avec élégance sommes en Camargue,

Mais ou est passé mon beau cheval gris,
Elle est repartie avec son mari,
C'était du côté des Saintes-Maries,
Elle chevauchait on avait bien ri.

L'ATTENTE

Tu sais Je t'attendais depuis longtemps déjà,
Tu sais je t'attendais, tu marchais sur mes pas,
Entre le ciel et l'eau, l'ombre et la lumière,
Tu étais déjà là, rebelle et toute fière,

Présente sur mon ilot, immobile lascive,
Pendant que je rêvais dans l'attente passive,
Cruelle et dévorante, dans le renoncement,
Résigné obsédé dans mes « pensées au vent »

Allez ne tarde pas, car de temps j'n'en ai guère,
Celui-ci est compté, refaisons comme hier,
Mon cœur est un brasier qui ne peut s'éteindre,
Toi la belle étoile que je veux atteindre,

Le voyage fut long, toute une éternité,
Surtout ne tarde plus, j'ai tellement espéré
Tu sais Je t'attendais depuis longtemps déjà,
Tu sais je t'attendais, tu marchais sur mes pas.

LES JUMEAUX

Chante avec moi mon frère, danse avec moi mon frère,
Que je ne connais pas, je marche sur tes pas,
Je te cherche partout, quelque part sur la terre,
Tu es passé trop vite, d'une vie à trépas,
Tu n'étais que le fruit de parents amoureux,
Avant que d'exister tu as fermé les yeux,

Je pense à toi mon frère que je ne connais pas,
Tu m'as manqué bien sur quand je perdais mes billes,
Tu es passé trop vite, d'une vie à trépas,
Mon corps est en souffrance, me reste ma béquille,
Fabriqués tous les deux dans le lit de l'amour,
Tu étais le premier à avoir vu le jour,

Chante avec moi mon frère, chante pour moi frérot,
Je t'invente chaque jour et façonne ton visage,
Je sais que tu me suis et je te sens là haut,
Au diable vauvert les hommes sont ils sages?
Veille sur moi mon frère comme veille l'étoile,
Tu sais celle qui brille et jamais ne se voile.

VIOLETTE

Madame j'aimerais pouvoir de ma retraite,
Vous offrir quelques fleurs, ce sont des violettes,
Elles fleurissent au printemps, en automne en hiver,
Lorsque le givre tombe sur les grands sapins verts,

Oui Madame je voudrais parfumer de violette,
Votre joli visage et cela je le souhaite,
C'est le parfum subtil de la douce et discrète,
Fleur que je vous porte pour vous compter fleurette,

Certaines Belles trop sages depuis la nuit des temps,
Les enferment à jamais c'est la fleur des amants,
Elles restent donc blotties entre deux vieilles pages,
D'un livre souvenir jusqu'au dernier voyage,

Mêmes ces quelques vers sont à l'encre violette,
Venez je vous emmène allons à la cueillette,
De cette plante herbacée si douce et parfumées,
Qui est de la famille vivace des violacées,

Mais vous n'etes plus là adieu ma Violette,
J'hume encor le parfum de la douce et discrète,
Fleur que je te portais pour vous compter fleurette,
Je resterai prostré dans ma pauvre retraite,

Enfermerai la fleur dans un livre d'image,
Doucement dans ma tête nous ferons le voyage,
On dit que "l'amour est, un bouquet de violettes",
Alors cueillons cueillons ensemble ces fleurettes.

LE TEMPS DES CERISES

Boulevard du temps qui passe,
Il est loin le temps des cerises,
De nos jours tout passe tout lasse,
C'est l'temps des rides, des tempes grises,

Tire mon ami tire la charrette,
Tire la charrette à ta manière,
As-tu déjà peur qu'elle s'arrête ?
Tache d'éviter les ornières,

Si elle tire à hue et à dia,
Tiens bon la route trace ton chemin,
Surtout pas de paranoïa,
Je garde ta main dans ma main,

Les nuits pleurent quand le jour se meurt,
Pousse ta charrette à ta manière,
Courbe le dos pour les douleurs,
Reviendra le bon temps d'hier,

Si tu chemines en balbutiant,
Suffit d'arriver à bon port,
Avant tu étais ignorant,
Tu étais même un peu cador,

Le temps nous offre un avantage,
C'est le privilège de l'âge,
Avec des rides sur le visage,
On devient un homme sage,

Alors doucement les basses,
Il est temps d' ranger la valise,
Pour pas que nos rêves trépassent,
Reste l'amour qui est cerise.

LES CHOSES DE LA VIE

Par un soir d'overdose, à cause de tous nos maux,
On s'était dit des choses, on s'était dit des mots,
Que chuchote l'adulte, quand il est en détresse,
Et qui dans ce tumulte, recherche la tendresse,

De reste de bonheur, dans un monde tranquille,
De toutes ces belles fleurs, qui poussent dans les îles,
Sans peine et sans douleur, on s'était dit des choses,
C'étaient des accroches cœur, en pétales de rose,

De parler fait du bien, mais toutes ces choses dites,
Etaient de petits riens, restent celles non dites,
Il y a des ponts-levis, qui mènent à d'autres cieux
Dans le parcours d'une vie, sans aller prier Dieu,

Tout cela on le sait, n'est pas que bleu marine,
Alors faisons le souhait, qu'il n'y ait plus d'épines,
Pour parler d'autres choses, oublier tous ces maux,
Afin que tout se pose, sans faire de jeu de mot,

On s'était dit des choses...

LES ENFANTS AUX CHEVEUX BLANCS

Les enfants aux cheveux blancs,
Sont souvent en solitude,
Pensifs assis sur un banc,
Souveraine béatitude,

Ils vivent dans leur passé,
S'accrochant aux souvenirs,
Si certains sont effacés,
D'autres les font se maintenir,

Il faut que les cœurs s'épanchent,
Pour faire vivre leur automne,
En attendant l'avalanche,
La fin d'une vie monotone,

Petits sourires dans l'espace,
Au bruit de l'enfant qui pleure,
Mais le souvenir qui passe,
Rappelle les anciennes douleurs,

Alors afin d'être utile,
Ils lancent des graines aux oiseaux,
C'est un beau geste tactile,
Qui les fait monter très haut,

Un papillon dans l'espace,
En habit de noir rayé,
Éphémère, le temps qui passe,
Sous un ciel bleu appuyé,

Souvent ils changent de banc,
Pour trouver des amitiés,
Sous leurs beaux cheveux argent,
Le cœur ne bat qu'à moitié.

J'AI GRAVÉ SUR LE SABLE

J'ai gravé sur le sable,
Un joli mot un non dit,
Il est reconnaissable,
Car c'est un mot interdit,

Quand elle s'est mise à pleurer,
J'ai bu l'eau de ses larmes,
Une partie de la soirée,
N'ayant que pour seule arme,

Ce sable entre les mains,
Qui file et coure comme le temps,
Mais que ferons-nous demain ?
Tout s'en va et tout fout l'camp,

J'ai gravé sur le sable,
Un joli mot un non dit,
Pour toi mon adorable,
C'était un mot interdit.

TABLE DES MATIÈRES

ECRIT SUR LE SABLE……………….7

A TOI…………………………..9

CARGO……………………..11

CONTEMPLATION………………13

DENTELLE ET PATCHOULI…………15

LA NEIGE……………………….17

L'INSTANT…………………….19

L'ORIGINAL……………………21

MA SEINE……………………….23

PORTRAIT……………………25

MA BOITE A MOTS………………27

RURALE SOLITUDE………………...29

SONNET POUR L'AUTOMNE………….31

MA NORMANDIE………………….33

MAMAN ARLETTE.................................35

MONSIEUR REVE..................................37

LES PRELUDES....................................39

ROSE DES SABLES...............................41

L'ADIEU...43

LES BORDS DE MER............................45

LA JACHERE.......................................47

PASSEUR DES ISLES............................49

L'AMITIE...51

J'AIME TRENETEMENT........................53

LE SILENCE...55

LE VENT..57

LE VOYAGE..59

HIVER EN SOLOGNE............................61

JE TE DIRAI...63

PECHEURS DE BALEINE......................65

MA FRANCE A MOI……………………....67

PRENDRE LE TEMPS…………………..69

LES MAINS DE GRAND MEME…………71

LE PETALE DE ROSE……………………73

LA VIE EST COURTE……………………..75

PETITE FLEUR……………………………77

LE CLOWN………………………………79

LA VIEILLE………………………………..81

LE CAP DE LA HAGUE…………………...83

HIVER MARIN…………………………….85

LA MARAUDE……………………………87

DESIRS D'AUTOMNE……………………89

CROQUONS LES MOTS …………………91

LA MANADE………………………………93

L'ATTENTE………………………………...95

LES JUMEAUX……………………………97

VIOLETTE……………………………........99

LE TEMPS DES CERISES…………………101

LES CHOSES DE LA VIE…………………..103

LES ENFANTS AUX CHEVEUX BLANCS.105

J'AI GRAVÉ SUR LE SABLE........................107

Imprimé par BoD à Norderstedt
Allemagne

« Pour l'éditeur, le principe est d'utiliser des papiers composés de fibres naturelles, renouvelables, recyclables et fabriquées à partir de bois issus de forêts qui adoptent un système d'aménagement durable. En outre, l'éditeur attend de ses fournisseurs de papier qu'ils s'inscrivent dans une démarche de certification environnementale reconnue. »

Dépôt légal : Avril 2017
ISBN : 978-2-3221373-8-1